SIGNES EFFROYABLE

nouuellement apparus sur la ville & Riuiere de Londres en An-
gleterre, en semble la ruine des
maisons & boutiques de Londres
& descouuert plusieurs corps
morts, quy ramplit de crainte & tramblement les Royames
descoces d'Irlande & d'Engleterre, le 27. de Iuin 1626.

Iouxte la Copie imprimé a Liege
auec permission. M.DC.XXVI

LES EFFROYABLES

Signe apparus en l'air, ſur la
Villes de Londres en Engleterre
au grand eſtonnement du peuple.

LEs Impreſſions de l'air ſont
tellemét diuerſes qu'il n'eſt
pas poſſible de rendre rai-
ſon de toutes les choſes qui adui-
ennent en ce móde, & principallement de celles qui arriuent có-
tre nature. Car à icelle les princi-
pes de la Philoſophie faillent, &
n'y peut on aſſeoir aucun certain
iugement, c'eſt pourquoy il en
faut laiſſer les iugemens à Dieu
ſeul qui ne fait rien en vain, & qui
-nignore point les cauſes ny les
raiſons.

De Londres le 27. Iuin.
Tout va icy fort mal, le Duc de

 Buc-

Bucquingham a en fin triomphe,
pour ce que a son instance, le Par-
lement s'est rompu, sans auoir re-
solu, ny conclud chose du môde
pendant ces quatre mois qu'il a
esté assemblé, & sans auoir donné
au Roy le moindre secours d'ar-
gent, ils se sont retier tous en léur
quartier, & quelques vns des prin
cipaux ont esté côfiner en la tour
de Londres, & entre iceux. Le
Comte de Bristol, le Comte d'A-
rondel a sa maison pour prison,
de façon que de lôg temps l'An-
gleterre ne s'est veüe en si piteux
Estat. Nous auons veu icy d'e-
stranges visions en l'air le 22. de
ce mois entre les deux & trois heu
res aprez midy les eaues qui sont
tombees du Ciel auec esclairs &

ton=

tonnerre ont esté si grandes, que
de memoire d'hõme ne s'est veu
chose semblable. Les boutiques
des marchands de Londres ont
esté pleines d'eau, ou se sont per-
dues vne grande quãtité de riches
marchandises dans la riuiere de
Iamise. Il s'est veu vne nue, en for
me d'vne cheminée large, laquelle vomissoit des flammes de feu,
montant au dessus laditte Riuiere
iusques a Westmunter, & s'est ar-
resté au dessus du pont de l'hostel
d'yorcq, demeure ordinaire du
Duc de Bucquingam, ou elle s'es-
uanouit auec vne fumée si grãde,
& vne puanteur telle, que persone
ne la pouuoit souffrir, ce quy a
cause vne grande espouuance par
tout Londres. Au mesme temps

font tombées en ruyne deux mu-
railles de l'Eglife de S. Andre, de
telle faço, que fe font defcouuerts
plufieurs corps morts auparauāt
anterrez, lefquelz fe voyent enco-
re les portes que l'on nomme Bi-
fchops garte & moregarte, eft tō-
bée auffi en ruyne vn grand pan
de muraille de la ville, ou fe font
defcouuerts a nud plus de trente
corps morts, que l'on auoit enter
re durant la contagion derniere.
Tout a efté fort monftrueux &
remarquable a voir.

Le Baron de Digby & le Ca-
uallier Rellam Digby, tous deux
nepueux au Comte de Briftol sōt
paffez la mer aprez auoir appellé
au combat deux Parens au Duc
de Bacquingam, & Iafques a l'heu

re ne s'eſt rien apprins d'eux.

Mais entre tant d'hiſtoires qui
ſe pourroiét preſenter, pour prou-
uer ce qui eſt plus clair que le
iour, ie n'en puis auoir de plus
prompts exemples que des viſiõs
qui ont ſouuent apparus en l'air,
nõ point d'Eſtoille, ne deComet-
te d'vn Soleil obſcurcy, ou d'vne
Lune qui luy cauſe ſon Eſclipſe:
(car toutes ces choſes ſont natu-
relles:) mais des Armées d'hom-
mes marchans par trouppes &
cõbats qu'on à veu en l'air, & autres choſes ſemblables, qui ſont vi
ſions leſquelles certainement
trompent les yeux de l'homme.

Nous liſons au ſecond liure des
Macabées chapitre 5. qu'au temps
q'uAnthiocus partit pour la ſecõ-

de fois pour aller en Egypte, par
tout la Cité de Hiérufalem, on
vid par l'efpace de quarante iours
des cheuaucheurs armeez en l'air
courant d'vn cofté & d'autre,
comme bataille rengée par or-
donnance.

C'eft ce que depuis à efté efcrit
par S. Luc au fecond chapitre des
Actes des Apoftres. *Certes en ces
iours la i'efpandray fur mes ferui-
teurs, & feruantes, & ils propheti-
feront. Et feray des chofes merueil-
leufes au Ciel en haut, & fignes en
Terre, en bas fang & feu, & vapeur
de fumée : le Soleil fe conuertir a en
tenebres, & la Lune en fang, deuant
que le grand notable iour du Seig-
neur vienne.*

Ie ne m'eftandray d'auantage
aux

aux exemples de la Saincte Escri-
ture, pour ce quiconque en est
instruit mediocrement, en peut
remarquer vne infinité d'autres
exemples.

Nous lisons en Tite Liue, au liure second de la premiere Decade
Plutarque, Vallere au premier liure, tiltre des miracles, & plusieurs Autheurs disent, que durant
que Lucius Scipio & C. Norba-
nus estoient Consuls on ouyt entre Cappuë & Vulturne, vn grãd
son en l'air, & vn espouuantable
bruict d'ermes, tellement qu'il
sembla par plusieurs iours, qu'on
voyoit deux armées se combat-
tre l'vne contre l'autre.

Licostenes est Autheur que
mil cincq cens vingt à Vulsem-
B   bourg

bourg qui eſt ſur le Rhin, tous ceux de la ville oyrent en plain midy vn grand horrible bruict d'armes en l'air, comme ſi deux armées bien fortes & puiſſantes euſſent combattu à toute outrance. De ſorte que la plus grand part de ceux de la ville, qui pouuoient porter armes de crainte qu'ils eurent prindrent promptement leurs armes, & s'aſſemblement pour dffendre leur ville, laquelle ils penſoient eſtre aſſiegée par les ennemis.

Æneas Syluius lequel mourut l'an quatre cens ſoixante, eſcrit que l'an ſixiéme apres le Iibilé, qu'il fut veu entre Sienne & Flotence vingt nuées en l'air, leſqelles agitées des vents, batailloient

les

les vnes contre les autres , chacu-
nes en leur rang reculant & s'ap-
prochant, comme si elles eussent
esté en bataille & pendant ce con-
ffit des des nuées , les vents faisoi-
ent aussi leur deuoir d'autre costé
de desmolir, abatre , briser, froi-
ser, & rompre maisons rochers,
mesmes iusques à en leuer les hõ-
mes & le bestes en l'air .

Toutes & semblables Histoi-
res que nous pourrons reciter des
signes qui se sont apparus en l'air,
mesme en ce Royaume durãt les
guerres Ciuiles , notament quelques iours deuant plusieurs batail
les,plusieurs autres qui nous pour
roient seruir de plus ample tes-
moignages aux Signes qui depuis

                peu

peu ſe ſont apparus en diuerſe
Prouince.

La nuiĉt du dernier ſur les huiĉt
heures du ſoir ou enuiron, n'ayāt
pour lors aucune clarté de Lune
eſtant à ſon dernier cartier, l'air
outre nature commença à s'eſclat
cir du coſté du Leuant, & conti-
nuant vne heure & demie ou enuiron, le temps ce rendit auſſi
clair & net qu'il fait au plus beau
iour de l'Eſté, ce qui donna vn
grand eſtonnement eux habitans
la plus grande partie d'iceux re-
gardant en l'air, apperceurent des
choſes du tout eſtrange & hors le
cours de nature.

Sçauoir ſur la grande place de
Bellecourt viront comme vne
grande montagne, ſur laquelle
eſtoit

estoit la figure d'vn Chasteau, du-
quel sortoient forces esclaires, qui
donnoient de tous costez & perdoient leurs lumieres à vn instant
& ceste figure de Chasteau ce cõ-
sommoit à mesure que sesdits esclaires en sortoient; cela sembloit
courir tout le cartier.

Du costé de la place des Ter-
reaux il fut veu (par plus de quatre cens personnes) en l'air, comme la forme d'vn Bataillon de
gens d'armes à chaual, à la teste
desquels y auoit vne Estoille fort
lumineuse, qui sembloit les cõn-
duires, laquelle estoit plus grãde
& plus claire que celles que l'on
voit ordinairement au Ciel.

Cette Estoille comme vn second Soleil faisoit dissiper deuant
elle

elle tous les nuages, qui ſe preſen-
toient de diuerſes figures, & ſembloient auoir, voloir tenir ſa clarté, mais eſtant ſurmontez par ſa
grande lumiere perdoient entie-
rement leurs figures & ne paroiſ-
ſoient plus.

Toute la ville & lieux circon-
uoiſins furent comme couuerts
ceſte nuiƈt & autres enſuiuant de
diuers ſignes & prodiges, comme
lance de feu ardant, qui diſperce-
rent en lair.

Sur la ville qui eſt vne des bel-
les Citez & marchande ville de ce
Royaume, à demie iournée de la
Riuiere, il ſe vid à meſme temps
cy deuant nommé par les habitās
de ladiƈte ville, principallement
la nuiƈt du trexiéme dudit mois
enuiron neuf a dix heures du ſoir,

sur l'Amphiteatre côme vn grãd
Soleil fort replendiſſant, lequal
eſtoit entouré d'vn nombre d'autres flambeaux lumineux, & ſembloient vouloir cheminer droit
ſur la Tour, que l'on appelle la
Tour Magne, ſur laquelle il pa-
roiſſoit comme des chariots en
feu tout entouré d'Eſtoilles fort
eſclairantes.

Sur ſa Ville cômmença à paroi
ſtre ſur icelle quantitez de flambeaux ardés en forme de torches,
de la lumiere deſquels ſortoit nô-
bre comme de lance de feu qui
alloient de part & d'autres, ceſte
façon de faire dura depuis les neuf
à dix heures de nuiét iuſques à
trois heures du matin, que s'appa-
rut vne grãde & limineuſe Eſtoilles, leſquelles ſembloient faire diſ

ſiper vne groſſe nuée meſlée de di
uerſes eſclaires qui l'a vouloit cõ-
me couurir & empeſcher ſa clarté
ce qui dura iuſques au leuer du
iour au grãd eſtõnemét du peuple

Tous les ſignes cy deſſus ne
nous peuuent predire autre choſe
que le grand Dieu des armées(ré-
dra noſtre Monarque victorieux)
tenãt en ſa puiſſante main les ver-
ges contre les perturbateurs de ſõ
Eſtat, & fortifera l'Armée de ſa
Maieſté, contre les Rebelles. C'aſt
tout ce que nous autres Catholi-
ques auec l'aiſſance des pricres de
noſtre mere ſaincte Egliſe, deuõs
ſouhaitter, & dire auec le Royal
Pſalmiſte. *Domine ſaluum fac Re-*
gem. &c.

F I N.